AF509711

CHOIX

DE

MONUMENTS ET DE DESSINS

DÉCOUVERTS OU EXÉCUTÉS PENDANT LE DÉBLAIEMENT

DU

SÉRAPÉUM DE MEMPHIS

PARIS — IMPRIMERIE DE J. CLAYE

RUE SAINT-BENOIT, 7

CHOIX

DE

MONUMENTS

ET

DE DESSINS

DÉCOUVERTS OU EXÉCUTÉS PENDANT LE DÉBLAIEMENT

DU

SÉRAPÉUM DE MEMPHIS

PAR

M. AUG. MARIETTE

—————

PARIS

GIDE ET J. BAUDRY, ÉDITEURS

5, RUE BONAPARTE

—

1856

Cette petite collection de planches était destinée à une publication récente. Le supplément dont j'avais l'intention d'accompagner cette publication n'ayant pu être prêt à temps, les planches resteraient sans emploi si je ne les réunissais pour en former le *Choix de monuments* que je présente aujourd'hui aux amis des études égyptiennes.

Dix planches comme celles qu'on trouve ici sont loin, bien entendu. de représenter l'ensemble des documents que la découverte du Sérapéum nous a mis entre les mains. Mais la reproduction par la gravure de plusieurs milliers d'objets qu'un atlas de deux à trois cents planches aura peine à contenir, est, je l'avoue, trop au-dessus de mes ressources. et il ne peut m'entrer dans l'idée de la tenter. Faute de mieux, je me borne donc à ce *Choix*, tout incomplet et tout insuffisant qu'il puisse être, en attendant que des circonstances plus heureuses me permettent de faire connaître, par un ouvrage spécial, les résultats d'une entreprise achevée déjà depuis deux années, et à laquelle il ne manque plus aujourd'hui que ce complément indispensable.

On trouvera sur la PLANCHE Ire le plan de la nécropole de Sakkarah avant la découverte et le déblaiement du Sérapéum. Ce plan, copié dans le grand ouvrage de M. Lepsius, montre que, vers 1842, c'est-à-dire

— 6 —

a l'époque où il a été levé par les ingénieurs de la Commission prussienne,
l'enceinte du temple n'avait pas été recouverte en entier par les sables,
et que la porte d'entrée elle-même était restée visible.

La Planche II donne l'état des lieux après la découverte du temple.
La grande enceinte de l'Ouest est devenue celle de l'édifice consacré au
Sérapis égyptien sous la XVIIIe dynastie. La petite pyramide de l'Est,
indiquée dans la planche Ire, a été reconnue pour le temple élevé par
les Grecs au Sérapis d'Alexandrie, en conséquence des modifications
apportées au culte du dieu national sous les premiers Lagides. Entre ces
deux édifices, est l'allée du sphinx visitée et décrite par Strabon. L'ensemble de ces deux Sérapéum embrasse, du reste, une étendue de plus
de deux kilomètres, et comme, en certaines parties, l'épaisseur de la
couche de sable à déplacer ne fut pas moindre de quatre-vingts pieds, on
voit contre quelles difficultés nous avons eu à lutter, et on s'explique
comment le déblaiement a pu coûter quatre années entières de soins
assidus et persévérants. — Quoique, dans un des articles donnés par
M. Jomard au grand ouvrage de la Commission d'Égypte, cet illustre
patriarche de l'égyptologie ait indiqué avec une remarquable précision
le lieu où devaient se retrouver les ruines du Sérapéum, le temple de
Sérapis avait jusqu'à nos jours échappé aux investigations des voyageurs
et des savants. En 1832, un docteur italien établi au Caire, M. Marucchi,
en cherchant l'entrée de la pyramide qu'il a, je crois, ouverte le premier,
trouva deux sphinx qu'il fit tirer du sable. Ce sont ces deux sphinx
auxquels on doit, en définitive, le Sérapéum. Leur exhumation fut en
effet suivie de celle de beaucoup d'autres. Les jardins d'Alexandrie et du
Caire en furent en quelque sorte peuplés, et à partir de cette époque ils
se multiplièrent tellement que je m'explique difficilement comment aucun
des voyageurs instruits qui parcoururent alors l'Égypte n'eut l'idée de
mettre un nom propre au temple dont l'avenue fournissait tant de nom-
breux témoins de son antique splendeur. Pour moi, une bonne fortune
me servit. J'avais vu douze de ces sphinx dans les jardins de M. Zizinia
à Alexandrie; j'en retrouvai d'autres du même travail chez Linant-Bey.

chez Varin-Bey et chez Stéphan-Bey, tandis qu'un marchand du Caire,
M. Fernandez, m'affirmait avoir découvert lui-même tous ces monuments
dans les sables de Sakkarah. Le célèbre passage de Strabon me revint
alors à la mémoire. « On trouve à Memphis, dit Strabon, un temple de
« Sérapis, dans un endroit tellement sablonneux que les vents y entas-
« sent des amas de sables, dans lesquels nous vîmes des sphinx enterrés,
« les uns à moitié, les autres jusqu'à la tête : d'où l'on peut conjecturer
« que la route vers ce temple ne serait point sans danger, si l'on était
« surpris par un coup de vent. » Cet endroit sablonneux où Strabon sui-
vait l'allée des sphinx qui mène au Sérapéum était évidemment celui où
se retrouvaient les sphinx des sables de Sakkarah. Là, par conséquent,
était le Sérapéum, et quand, quelques jours plus tard, parcourant cette
même plaine sablonneuse le crayon en main, il m'arriva de rencontrer
un sphinx encore debout sur son piédestal antique, je n'eus plus dès
lors aucun doute. Le Sérapéum était découvert.

La PLANCHE III représente une vue prise pendant les travaux. La dureté
excessive du sable amoncelé pendant des siècles a seule permis d'ouvrir
des tranchées dont les parois étaient presque verticales. Les opérations ne
se sont pourtant pas toujours accomplies sans difficulté, et quelquefois
le sable se détachant par masses et se précipitant au fond des trous,
a occasionné des accidents. On aura une idée des irrésistibles lenteurs
que l'inexpérience des ouvriers, l'absence d'outils, et la nature du sable
opposaient à nos travaux, quand on saura que, dans cette partie de la
tranchée ouverte à travers l'allée des sphinx, nous n'avancions pas d'un
mètre par semaine.

La PLANCHE IV est une vue prise du pylône principal du Sérapéum
égyptien, en regardant l'Est. Tout ce qu'on aperçoit ici était, avant le
commencement des fouilles, totalement plongé dans le sable, qui formait
en cet endroit une grande plaine toute nue. Les deux escarpements à
droite et à gauche du dessin montrent la hauteur primitive de la couche
de sable entassée par-dessus les constructions. A droite, un mur d'appui,
encore inconnu à l'époque où le dessin a été exécuté, soutenait toute

cette singulière série d'animaux symboliques dont je donne ci-après deux spécimens. C'est à l'extrémité orientale du mur d'appui que se trouvait l'hémicycle sur lequel étaient rangées les statues de onze poëtes et philosophes grecs. On remarquera, du reste, qu'un temple de Sérapis pouvait seul montrer une chapelle du style purement grec à côté d'une chapelle du style purement égyptien. Le taureau qu'on tire du naos est la belle statue d'Apis, aujourd'hui conservée au Louvre. — En avant des deux chapelles, le dessin montre les traces d'un dallage formé de longues pierres plates assez soigneusement appareillées. Au mois de mai 1851, en levant l'une de ces pierres, nous nous aperçûmes que tout le sable sur lequel le dallage est posé était rempli de statuettes de bronze représentant toutes les divinités du panthéon égyptien. En une seule journée, nous en recueillîmes cinq cent trente-quatre. Le même fait a été observé dans les autres parties du temple. Comme, dans les idées égyptiennes, le sable était réputé impur, il est à croire que les Égyptiens le purifiaient en y mêlant des images de leurs dieux. M. de Longpérier a déjà signalé un usage semblable dans les constructions assyriennes et même dans celles des Hébreux, sous Salomon.

La Planche V représente la galerie principale de la tombe d'Apis. Cette tombe, creusée tout entière dans le roc vif, est en effet formée de plusieurs galeries qui se coupent. La plupart d'entre elles offrent, à droite et à gauche, des chambres latérales dans lesquelles étaient déposées les momies divines. La recherche de la tombe d'Apis a été, presque dès le début des fouilles, l'objet constant de nos préoccupations. Les bouleversements qu'avait subis le Sérapéum et dont j'avais facilement reconnu les traces, ne laissaient que peu de chose à espérer du temple proprement dit; la tombe d'Apis, au contraire, creusée dans le rocher, devait s'être mieux conservée dans son état primitif. Mes espérances n'ont pas été trompées. La tombe d'Apis est tout un édifice souterrain, et quand, le 12 novembre 1851, j'y pénétrai pour la première fois, j'avoue que je fus saisi d'une impression d'étonnement qui, depuis cinq ans, ne s'est pas encore tout à fait effacée de mon esprit. — Par un hasard que j'ai peine à m'expliquer, une chambre de la tombe d'Apis, murée en l'an 30 de Ramsès II, avait échappé aux spoliateurs du monument, et j'ai eu le bonheur de la retrouver intacte. Trois mille sept cents ans n'avaient pas changé sa physionomie primitive. Les doigts de l'Égyptien qui avait fermé la dernière pierre du mur bâti en travers de la porte étaient encore marqués sur le ciment. Des pieds nus avaient laissé leur empreinte sur la couche de sable déposée dans un coin de la chambre mortuaire. Rien ne manquait à ce dernier asile de la mort où reposait, depuis près de quarante siècles, un bœuf embaumé. Il est plus d'un voyageur qui, sans doute, s'effraierait à l'idée de vivre seul dans un désert, pendant quatre années. Mais des découvertes comme celles de la chambre de Ramsès II laissent des émotions devant lesquelles tout s'efface et que l'on désire toujours renouveler. Du reste, la sépulture était digne du prince qui en avait ordonné l'arrangement, et quand on voit au Louvre les magnifiques bijoux, les statuettes et les vases que nous y avons recueillis, on s'explique très-bien comment plus tard, à une époque où le culte de Sérapis jetait tout son éclat, on ait pu, au dire de Diodore, dépenser pour les seules funérailles d'un Apis une somme de 500,000 francs.

La Planche VI donne la vue de l'une des chambres latérales de la tombe d'Apis. Au centre s'élève un de ces énormes sarcophages qu'on retrouve dans toutes les parties de la tombe, depuis le règne d'Amasis. Tous sont de granit poli et luisant ; ils ont de douze à treize pieds de hauteur, de quinze à dix-huit pieds de longueur, et le plus petit d'entre eux ne pèse pas moins de soixante-cinq mille kilogrammes. Les chambres elles-mêmes sont au nombre de soixante-quatre. — Les pierres amoncelées en forme de mur sur le couvercle de ce monument sont, je crois, du temps de la spoliation de la tombe. Selon un usage encore aujourd'hui en vigueur dans quelques parties de l'Orient, elles y ont été placées en signe de mépris, après que le cadavre conservé dans l'intérieur du monolithe eut été profané et mis en pièces. Peut-être est-ce une injure de cette sorte que le roi Ashmounazar voulait éviter à ses propres cendres, quand il s'écriait dans l'inscription traduite par M. le duc de Luynes : « Que l'on n'enlève pas le couvercle de ce cercueil; que l'on ne construise pas sur le couronnement de ce lit funèbre »; et plus loin : « Qu'ils n'ouvrent pas et qu'ils ne renversent pas le couronnement de mon tombeau; qu'ils ne construisent pas sur l'édifice qui couvre ce lit funèbre ». Du reste, tous les sarcophages que l'on rencontre dans la tombe d'Apis sont surmontés du mur élevé sur le couvercle.

La Planche VII reproduit l'une des épitaphes officielles destinées à accompagner la momie de l'Apis à côté de laquelle elles étaient déposées. Les épitaphes que j'ai pu recueillir sont malheureusement en petit nombre, soit que les dévastations auxquelles la tombe a été exposée en aient fait disparaître quelques-unes, soit que les prêtres du temple n'aient pas toujours pris la peine de les faire graver. L'une de celles que nous possédons est du règne de Cambyse, et le fier vainqueur de l'Égypte y est représenté agenouillé devant l'image de cette même divinité dont la manifestation devait plus tard éveiller si cruellement sa fureur. La mort de l'Apis, blessé à la cuisse par Cambyse, est rapportée par une autre de nos épitaphes à l'an 4 de Darius. — Il est bien entendu, d'ailleurs, que ces divers monuments n'appartiennent pas à la même catégorie que les innombrables stèles que j'ai trouvées à côté des tombes des Apis. Celles-ci sont plutôt des proscynèmes, et si, chemin faisant, on y rencontre la mention de quelques faits qui intéressent l'histoire, la chronologie, et même l'Apis auxquels elles se rapportent, ce n'est qu'accidentellement et en dehors de tout caractère officiel qu'elles nous livrent ces renseignements. — Le texte de l'épitaphe gravée l'an 12 d'Ouaphrès, est assez facile à traduire dans ses parties essentielles. En voici l'interprétation mot à mot : « L'an 12, et le 21 de Paóni, sous la Sainteté de l'Horus qui fortifie le cœur, du Roi de la Haute et de la Basse Égypte, du Seigneur de la région supérieure et de la région inférieure, du Seigneur de la force, de l'ordonnateur des deux mondes, de l'Horus d'or, du Soleil réjouissant le cœur, du fils du Soleil, *Ouah-ra-het* (Ouaphrès), aimé d'Apis-Osiris, a été remorqué le dieu pour se réunir avec le bon Amenti et a été donnée sa réunion (avec) son siège dans le Neter-Khert

« de la partie de l'Ouest, à Phtah-Ka ; lorsque (le roi) a fait toutes les
« choses faites dans le sanctuaire, jamais monarque n'en avait fait de
« semblables auparavant. — La manifestation de la Sainteté du Dieu vers
« le ciel (eut lieu) en l'an 12, et le 12 de Pharmouthi. — Sa naissance
« (eut lieu) en l'an 16, et le 7 de Paophi, sous la Sainteté de l'Horus
« glorificateur du cœur, du Soleil..... du cœur, du fils du Soleil, *Néchao*,
« vivant à toujours. — Son installation dans le temple de Phtah (eut lieu
« en l'an 1, et le 9 de l'Epiphi, sous la Sainteté de l'Horus bienfaiteur du
« cœur, du Soleil qui donne la bonté au cœur, du fils du Soleil *Psamméti-*
« *chus.* — La durée heureuse de ce dieu (fut de) 17 ans, 6 mois et 5 jours.
« — Ont été faits par le dieu bon *Ouaphrès* tous les cercueils et toutes
« les autres choses travaillées, et toutes les cérémonies du dieu auguste :
« c'est ce qu'il lui a fait pour être doué d'une vie puissante et éternelle. ·
— Ainsi, l'Apis né l'an 16 de Néchao et intronisé, selon l'usage, quelques
mois après, en l'an 1 de Psammétichus II, était mort l'an 12 d'Ouaphrès.
à l'âge de 17 ans, 6 mois et 5 jours. Je n'ai pas besoin d'insister sur le
secours tout-puissant que le mode usité dans la rédaction de nos épitaphes
apporte à l'histoire et à la chronologie de l'Égypte.

La PLANCHE VIII offre l'image d'un Cerbère conduit par un enfant.
On doit voir dans cette curieuse représentation le génie de Pluton monté
sur l'animal qui symbolise cette divinité.

La PLANCHE IX représente un groupe de même disposition. Ici le génie
de Bacchus guide une panthère de proportions colossales. Ces deux
groupes ont été découverts, avec plusieurs autres, dans le dromos qui
précède l'entrée principale du Sérapéum égyptien ; ils étaient posés sur
un mur qui s'étendait en avant des deux chapelles que reproduit notre
planche IV.

La belle statue figurée sur notre PLANCHE X n'a pas été trouvée dans
le Sérapéum proprement dit ; elle provient de l'un des anciens tombeaux
entre lesquels l'allée des sphinx, construite seulement sous la XXVI⁰ dynastie.
avait dû passer. M. de Rougé, dans sa *Notice sommaire des monuments*
égyptiens exposés dans les galeries du Louvre, en donne la description

suivante : « Nous n'en sommes pas réduits à des conjectures sur la figure
« du scribe accroupi, placé au milieu de la salle ; elle a été trouvée dans
« le tombeau de *Skhem - ka* avec les figures réunies dans la salle des plus
« anciens monuments. Elle appartient donc à la cinquième ou à la sixième
« dynastie. La figure est pour ainsi dire parlante : ce regard qui étonne
« a été obtenu par une combinaison très-habile. Dans un morceau de
« quartz blanc opaque est incrustée une prunelle de cristal de roche bien
« transparent, au centre de laquelle est planté un petit bouton métal-
« lique. Tout l'œil est enchâssé dans une feuille de bronze qui remplace
« les paupières et les cils. Les sables avaient très-heureusement conservé
« la couleur de toutes les figures de ce tombeau. Le mouvement des
« genoux et le dessin des reins sont surtout remarquables par leur justesse,
« tous les traits de la figure sont fortement empreints d'individualité ;
« il est visible que cette statuette était un portrait. » Les autres statues
trouvées dans la même tombe, sans être d'un art aussi avancé que la
saisissante figure de notre scribe, ont cependant un mérite auquel les
artistes égyptiens n'ont qu'assez rarement atteint. L'époque à laquelle
remontent ces divers monuments est, comme l'a dit M. de Rougé, celle
de la ve ou de la vi^e dynasties. Selon un calcul établi par M. Lenormant
(*Éclaircissements sur le cercueil du roi Mycérinus*), la ve dynastie aurait
commencé à régner en 4073 avant J.-C., en sorte que notre figure pour-
rait avoir près de six mille ans. Le scribe accroupi du Louvre serait donc
l'un des plus anciens monuments sortis, à notre connaissance, de la
main des hommes, en même temps qu'il est un des plus parfaits de
tous ceux que l'art égyptien a produits.

Paris, 10 juillet 1856.

A. M.

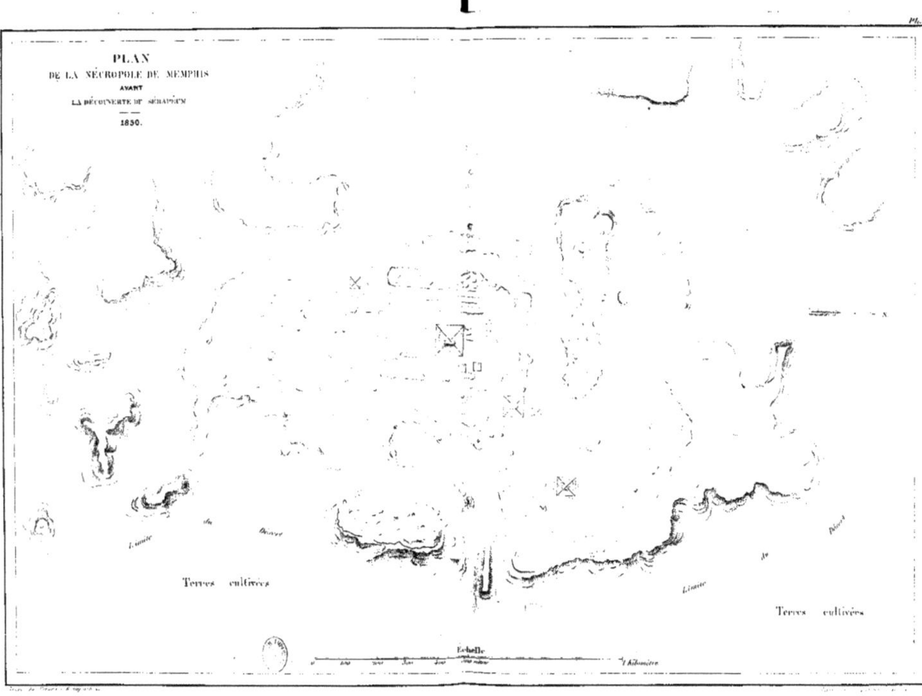

PLAN
DE LA NÉCROPOLE DE MEMPHIS
AVANT
LA DÉCOUVERTE DU SÉRAPÉUM
1850.
Terres cultivées
Limite du Désert
Terres cultivées
Limite du Désert
Echelle
Kilomètre

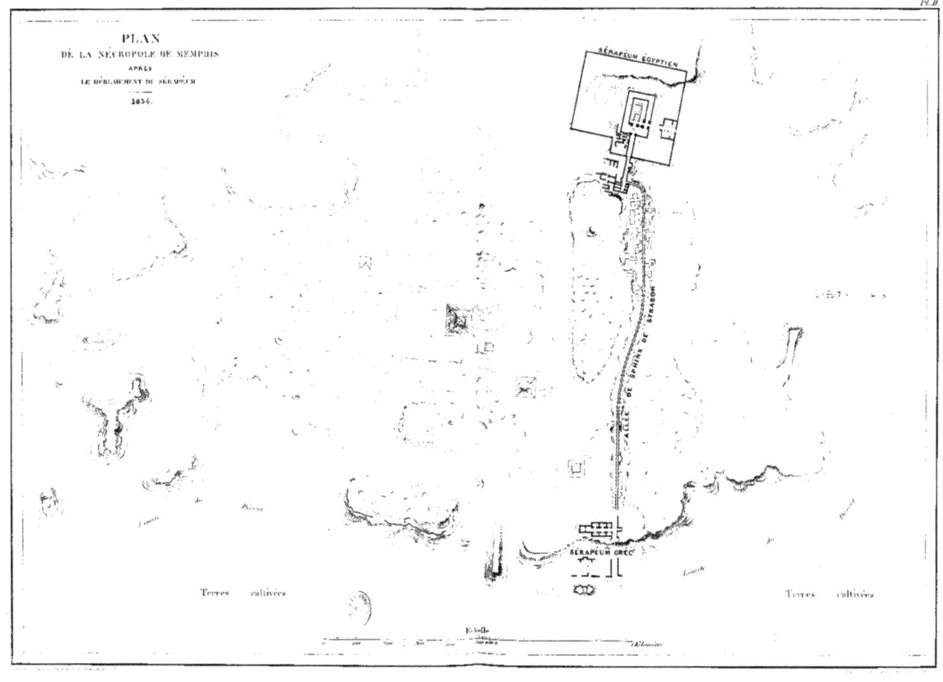

PL. II
PLAN
DE LA NÉCROPOLE DE MEMPHIS
APRÈS
LE DÉBLAIEMENT DU SÉRAPÉUM
1854.
SÉRAPÉUM ÉGYPTIEN
ALLÉE DE SPHINX DE STRABON
SÉRAPÉUM GREC
Terres cultivées
Terres cultivées
Échelle

TRANCHÉE OUVERTE À TRAVERS L'ALLÉE DU SPHINX.

VUE INTÉRIEURE DE LA TOMBE D'APIS

VUE DE L'UNE DES CHAMBRES INTÉRIEURES
ET DU TOMBEAU D'APIS

GÉNIE MONTÉ SUR UNE LIONNE